Käthe Recheis
Fabeln aus aller Welt

FABELN
aus aller Welt

Neu erzählt von
Käthe Recheis

Bilder von
Monika Laimgruber

öbv & hpt

1. Auflage 2004 (1,00)

© **öbv&hpt** VerlagsgmbH & Co KG, Wien 2004
Alle Rechte vorbehalten
Jede Art der Vervielfältigung, auch auszugsweise,
gesetzlich verboten

Illustrationen von Monika Laimgruber
Druck: Holzhausen Druck & Medien GmbH, Wien
ISBN: 3-209-**04039**-7

Inhalt

Die Sonne und die Tiere

„Die Sonne scheint viel zu heiß!", klagte der Esel, der eine schwere Last trug. „Wenn doch endlich Wolken kämen und sie verdeckten!"

„Oh, das tut gut!", zischelte die Schlange, räkelte sich vor Wohlbehagen und genoss ihr Sonnenbad auf einem Stein. „Ich wollte, die Sonne schiene immerzu!"

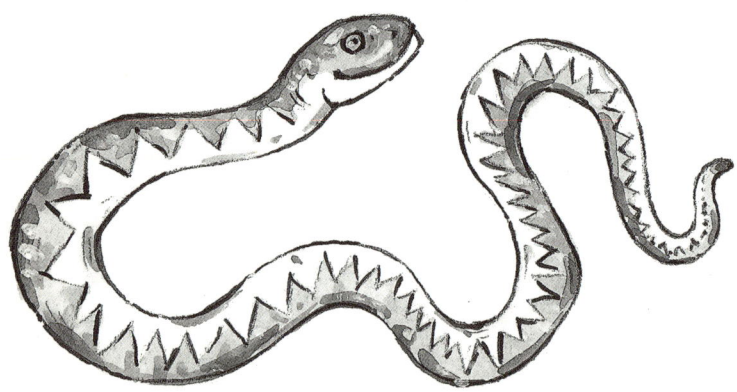

„Wenn sie doch endlich untergehen würde", murrte die Eule. „Ihr Licht ist viel zu grell. Wie angenehm wäre mein Leben ohne Sonne!"

Eine Maus huschte im Feld umher. „Was für ein Glück, dass die Sonne scheint", wisperte sie. „Da reifen die Ähren, damit ich viele, viele Körner ernten kann. Gäbe es doch jeden Tag Sonnenschein!"

Sind wir Menschen nicht diesen Tieren ähnlich? Was der eine wünscht, ist dem anderen nicht recht, jeder möchte sich alles auf der Welt so richten, wie es zu seinem Vorteil ist.

Johann Gottlieb Willamow

Sich mit fremden Federn schmücken

Eine Krähe beneidete die anderen Vögel um ihr buntes Gefieder. „Wir Krähen sind arm dran", sagte sie zu sich. „Warum nur ist unser Federkleid so schlicht und eintönig schwarz? Hätte ich doch nur eine bunte Feder!"

Wie sie traurig dasaß, erblickte sie im Gras ein gelbes Federchen, das ein Vogel verloren hatte. Sie pickte es auf und steckte es sich ins Gefieder.

„Sieht gut aus", dachte die Krähe. „Vielleicht gibt es noch mehr davon?" Sie flog umher und wirklich fand sie eine bunte Feder nach der anderen, um sich damit zu schmücken. Zu guter Letzt entdeckte sie – sie wollte ihr Glück kaum glauben – in einem Hühnerhof goldschillernde Pfauenfedern.

Wie bunt und farbenprächtig war nun ihr Gefieder! „Kein anderer Vogel kann sich mit mir messen", dachte sie und stolzierte umher, dahin und dorthin, um sich bewundern zu lassen.

„Schaut her!", rief sie den Vögeln zu. „Bin ich nicht die Schönste von euch allen? Wer von euch kann sich mit mir vergleichen? Nicht einmal der stolze Pfau ist so herrlich anzusehen wie ich."

„Was?", riefen die Pfaue. „Hast dich mit unseren Federn geschmückt und willst jetzt schöner sein als wir?" Sie hackten auf die Krähe ein und rissen ihr nicht nur die Pfauenfedern aus, sondern auch jedes andere der bunten Federchen.

Die Krähe war wieder das, was sie immer gewesen war – eine Krähe in schlichtem, schwarzem Federkleid.

Und alle anderen Vögel lachten sie aus.

Aesop

Der unzufriedene Pfau

Zu Juno, der Göttermutter, kam eines Tages der Pfau und beklagte sich bitter, weil seine Stimme so heiser und misstönend klang. „Alle Vögel verspotten mich deswegen", sagte der Pfau. „Warum, Mutter aller Götter, kann ich nicht so lieblich singen wie die Nachtigall? Warum nicht so freudig trillern wie die Lerche?"

Juno schaute den Pfau eine Weile nachdenklich an, dann sagte sie: „Deine Stimme klingt nicht angenehm in den Ohren, das muss ich zugeben. Dafür aber gleicht dir kein anderer Vogel an Schönheit. Sieh doch, wie dein Gefieder blitzt und funkelt im Sonnenlicht! Wie golden es schimmert und an Farbenpracht mit allen Edelsteinen wetteifert!"

Der Pfau ließ sich nicht trösten. „Was habe ich von meiner Schönheit?", klagte er. „Sie ist stumm! Solange ich nicht singen kann wie die Nachtigall und wie die Lerche, werde ich immer unglücklich sein."

„Es ist wahr", sagte Juno, „dass die Nachtigall lieblich singt und die Lerche freudig trillert. Aber schau dir ihr Federkleid an, es ist bescheiden und unscheinbar. Ich habe meine Gaben gerecht verteilt. Einer kann nicht alles haben. Wenn du aber unbedingt willst, gebe ich dir eine Stimme, mit der du lieblich singen und freudig trillern kannst. Freilich wird dann dein Federkleid grau und unscheinbar sein. Willst du das?"

„O nein!", rief der Pfau erschrocken. „Auf meine Schönheit möchte ich nicht verzichten."

„Dann achte sie nicht gering, o Pfau, und freu dich daran", sagte die Göttermutter. „Wahres Glück findet nur jener, der seinen eigenen Wert kennt und ihn schätzt und sich nicht vergeblich danach sehnt, anders zu sein, als er ist."

Phaedrus

Die Nachtigall und der Pfau

Eine Nachtigall fand unter den gefiederten Sängern des Waldes viele, die sie beneideten, aber keinen Freund. „Bei meinesgleichen finde ich ihn nicht", dachte sie, „ich muss ihn anderswo suchen."

Die Nachtigall flog fort, flog über Felder und Wiesen und erblickte in einem Gutshof einen Pfau, der mit seinen glänzenden Schwanzfedern ein Rad schlug. Sie ließ sich zutraulich vor ihm nieder. „Wie schön du bist!", rief sie. „Niemand gleicht dir an Farbenpracht. Ich bewundere dich." Und vor Freude begann die Nachtigall zu singen.

„Auch ich bewundere dich, anmutige Nachtigall", sagte der Pfau. „Niemand singt so lieblich wie du."

„Dann lass uns Freunde sein", sagte die Nachtigall. „Wir werden einander nie beneiden. Du erfreust das Auge mit deiner Schönheit, ich erfreue das Ohr mit meinem Gesang."

Die Nachtigall und der Pfau wurden Freunde.

Gotthold Ephraim Lessing

Die Lerche und der Fuchs

Einmal, als eine Lerche im hohen Sommergras nach Nahrung suchte, bemerkte sie ganz in der Nähe einen Fuchs. Sofort breitete sie ihre Flügel aus und flog in den Himmel hinauf.

Der Fuchs schaute ihr begehrlich nach und rief: „Lerche, liebe Lerche, warum fliegst du fort? Du brauchst keine Angst zu haben. Futter für einen wie mich gibt es hier genug, Grillen und Käfer und Mäuse und was sich sonst im Gras herumtreibt. Warum sollte ich dir ein Leid antun? Ich bewundere dich, anmutiger Vogel mit der süßen Stimme. Komm herunter und lass uns Freunde sein."

„Unten auf der Erde trau ich dir nicht", antwortete die Lerche. „Wenn du unbedingt willst, dass wir Freunde sind, dann komm zu mir herauf."

Die Lerche trillerte ihr Lied und stieg höher und höher ins Himmelsblau. Die schönen Worte hatten dem Fuchs nichts genützt. Statt eine Lerche zu verspeisen, ging er leer aus, denn all die Grillen, Käfer und Mäuse hatten sich längst davongemacht.

Phaedrus

15

Die Spinne und die Weisheit

Schon seit langem ärgerte sich die Spinne, dass nicht nur sie, sondern auch andere Geschöpfe kluge Gedanken hatten. Eines Tages beschloss sie, alle Weisheit dieser Welt einzusammeln. „Mir allein steht es zu, sie zu besitzen", sagte die Spinne zu sich.

Sie nahm einen hohlen Kürbis, wanderte dahin und wanderte dorthin, wanderte im ganzen Land umher. Jedem Geschöpf, ob es nun groß oder klein war, stahl sie die weisen Gedanken und stopfte, was sie erbeutet hatte, in den hohlen Kürbis.

Endlich, nach vielen Tagen, war es so weit. Die Spinne hatte alle Weisheit der Welt in ihrem hohlen Kürbis eingefangen. Jetzt hätte sie glücklich und zufrieden sein können, aber sie war es nicht. „Womöglich raubt mir einer meinen kostbaren Schatz", dachte sie. „Ich muss ihn verstecken."

Auf dem Erdboden war ihr kein Platz sicher genug. Sie dachte nach und dachte nach, hatte schließlich einen guten Einfall und eilte zum höchsten Baum im Urwald. „Dort oben im Wipfel, im dichtesten Laub", sagte die Spinne zu sich, „wird niemand meinen Schatz entdecken."

Sie begann Fäden zu spinnen, viele silbrige Fäden, und band den hohlen Kürbis auf ihrem Rücken fest. Dann kroch sie – so gut es mit ihrem dicken

Leib ging – den Baumstamm hinauf. Einmal streckte sie dieses Bein aus, dann jenes, klammerte sich an, gab sich einen Ruck und schob sich mühsam höher.

Der Kürbis auf ihrem Rücken schwankte hin und schwankte her. Ohne dass die Spinne es merkte, riss ein Faden nach dem anderen. Als sie, schon ganz erschöpft, oben im Wipfel war, riss der letzte Faden. Der Kürbis fiel auf die Erde hinunter und zerbrach. All die weisen Gedanken waren wieder frei und kehrten dorthin zurück, wo sie hingehörten.

Seither gibt es das Sprichwort: „Die Weisheit wohnt nicht nur in einem einzigen Haus."

Afrika

Die Grillen und die Ameisen

Sommer war es! In den blühenden Wiesen, auf jedem Rain, unter jedem Busch und Baum eilten Ameisen geschäftig umher. Sie gönnten sich keine Rast, schleppten unermüdlich Vorräte in ihren Bau. Den Grillen im Wiesengrund genügte es, ab und zu an einem grünen Blatt zu naschen. Wenn die Sonne schien oder warmer Regen fiel, zirpten sie ihre Grillenweisen. Sie strichen mit ihren Beinchen über die zarten Flügel und geigten und musizierten den ganzen Tag.

„Was soll dieses Gefiedel und Gezirpe?", fragten die Ameisen. „Nehmt euch ein Beispiel an uns! Wir arbeiten von früh bis spät. Könnt ihr nicht auch was Nützliches tun?"

„Etwas Nützliches?", fragten die Grillen. „Tun wir das nicht auf unsere Art? Geben unsere Lieder euch nicht Freude? Machen sie euch nicht froh?"

Die Grillen erhielten keine Antwort, denn die Ameisen waren längst weitergeeilt.

Der Herbst kam, es wurde Winter. Schnee lag auf den Wiesen und unter den kahlen Büschen und Bäumen. Die Ameisen in ihrem dunklen Bau hatten genug Vorräte für die kalten Tage. Die Grillen aber fanden kaum noch ein Gräschen oder ein Blättchen. Als der Hunger zu arg wurde, gingen sie zu den Ameisen. „Ihr habt so viel gesammelt, gebt uns ein wenig davon", baten sie. „Nur ein wenig! Wir brauchen nicht viel."

„Nichts da!", antworteten die Ameisen. „Haben wir euch nicht gesagt, ihr sollt etwas Nützliches tun? Den ganzen Sommer habt ihr gefiedelt und gezirpt. Jetzt fiedelt und zirpt nur draußen im Schnee! Von uns bekommt ihr nichts."

Für die Grillen war es eine schlimme Zeit. Jeder kalte Winter hat aber einmal ein Ende. Der Schnee schmolz, die Sonne wärmte wieder. Überall grünte und blühte es. Die Grillen mussten nicht mehr Hunger leiden. Trotzdem blieben sie stumm. Sie brachten es nicht über sich zu fiedeln und zu musizieren. „Warum sollen wir?", sagten sie zueinander. „Es erfreut sich doch keiner daran."

Die Ameisen eilten geschäftig umher wie immer. Dass die Grillen verstummt waren, merkten sie nicht. Irgendwann aber vermissten sie etwas, sie wussten nicht was. Ihnen war, als schiene die Sonne nicht so hell wie einst. Sie krabbelten lustlos dahin. Wie beschwerlich war plötzlich alles geworden!

„Ich wollte, die Grillen zirpten!", sagte eine der Ameisen. „Wenn sie musizierten, war mir immer so leicht zu Mute!"

Da wussten die Ameisen, was ihnen fehlte. „Fiedelt und zirpt wieder!", baten sie die Grillen.

„Im Winter teilen wir dafür die Vorräte mit euch. Ohne eure Lieder ist die Arbeit viel zu mühsam!"

Die Grillen strichen mit ihren Beinchen über die zarten Flügel, fingen zu fiedeln und zu zirpen an.

Die Sonne schien hell vom Himmel. Die Ameisen eilten umher, dahin und dorthin, die Grillen musizierten. Und alle freuten sich wieder ihres Lebens.

Portugal

Die Taube und die Ameise

Einmal lief eine Ameise geschäftig hin und her, kam zu einem Bach und fiel hinein. Da strampelte sie nun und trieb hilflos im Wasser dahin. Eine Taube, die am Ufer saß, hatte Mitleid mit dem kleinen Geschöpf und warf ihm einen Grashalm zu. Die Ameise kletterte auf den Halm und konnte darauf – wie auf einer Brücke – das rettende Ufer erreichen.

Zufällig kam ein barfüßiger Bauernbursche daher und erblickte die Taube. „Das wird ein guter Sonntagsbraten!", dachte er. Als er aber seine Steinschleuder hob, zwickte ihn die Ameise kräftig in die nackte Ferse. Wie das brannte!

Der Bursche ließ die Schleuder fallen und blickte verdutzt an sich hinunter. Die Taube merkte die Gefahr, breitete die Flügel aus und flog davon.

Die Ameise lief weiter und freute sich. Die Taube flog unter dem hohen blauen Himmel dahin und freute sich auch ihres Lebens. Der Bursche aber musste auf seinen Braten verzichten.

Wer anderen hilft, dem wird geholfen.

Jean de La Fontaine

Der Rabe und der Fuchs

Ein Rabe hatte ein Stück Käse gefunden, saß oben in einem Baum und freute sich auf die gute Mahlzeit.

Der Käseduft lockte einen Fuchs an, der in der Nähe umhergestrichen war. Er blieb unten am Baum stehen, schaute hinauf und rief: „Guten Morgen, verehrter Herr Rabe! Wie vornehm Ihr ausseht! Wie prächtig ist Euer schwarzes Gefieder! Jetzt lasst mich bitte Eure Stimme hören. Sollte euer Gesang an Schönheit dem Federkleid ebenbürtig sein, dann seid Ihr, man muss es gestehen, der König aller Vögel."

Der Rabe konnte sich vor Wonne kaum fassen. „Wenn das so ist", dachte er, „will ich dem Fuchs sogleich etwas vorsingen." Er riss den Schnabel auf – und das Käsestückchen fiel zu Boden, noch bevor er krah-krah krächzen konnte.

„Vielen Dank, mein Lieber", rief der Fuchs und schnappte den Käse. „Jemandem zu schmeicheln lohnt sich! Man lebt gut dabei und ohne eigene Mühe. Ist diese Lehre nicht das Stückchen Käse wert, verehrter Herr?" Der Fuchs lief davon und ließ sich die leichte Beute schmecken.

„Der hat mich hereingelegt", dachte der Rabe betrübt. „Ein zweites Mal geschieht mir das nicht!"

Jean de La Fontaine

Der Sperling und der Vogel Strauß

Einmal wollte es der Zufall, dass ein Sperling und der große Vogel Strauß einander begegneten.

„Du armer Federwisch tust mir wirklich Leid", sagte der Vogel Strauß. „Bist so klein und unscheinbar. Möchtest du nicht groß und stark sein, wie ich es bin?"

„Danke, nein!", sagte der Sperling. „Es ist wahr, du bist groß und ich bin klein. Aber fliegen wie ich, das kannst du nicht!"

Der Sperling erhob sich in die Luft, flog tschirpend davon und freute sich, dass seine Flügel ihn trugen, wohin er nur wollte.

Gotthold Ephraim Lessing

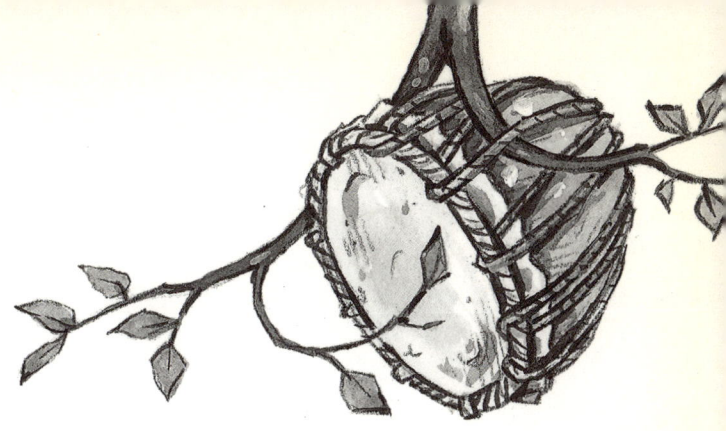

Der Fuchs und die Trommel

Ein Fuchs, der im Wald umherstreunte, hörte ein seltsames Dröhnen, das er sich nicht erklären konnte. Er schlich näher und sah eine Trommel oben in den Zweigen eines Baumes. Ein Ast, der sich im Wind bewegte, schlug auf dem Trommelfell einen Wirbel nach dem anderen.

„Was für einen Lärm dieses große Ding macht!", sagte der Fuchs zu sich. „Da muss eine reichliche Mahlzeit drinnen sein."

Der Fuchs sprang solange am Baum hoch, bis er die Trommel heruntergerissen hatte. Dann zernagte er sie mit seinen scharfen Zähnen, aber da war – nichts als Luft!

Wie oft geschieht es, dass wir etwas zerstören, nur weil wir aus Unwissenheit seinen Wert nicht kennen.

Indien

Schilfrohr und Eiche

Nahe am Ufer eines schilfbestandenen Weihers wuchs eine mächtige, alte Eiche, die ihre Krone hoch in den Himmel reckte und schon viele Stürme überstanden hatte.

„Armes Schilfrohr", sagte die Eiche eines Tages, „selbst ein Sperling ist zu schwer für dich. Kräuselt ein Windhauch das Wasser, dann neigst du dich vor ihm. Schau mich an! Wie aufrecht und stolz ich dastehe! Ich beuge mich nicht, mag der Sturm auch noch so toben. Als die Gaben der Natur verteilt wurden, bist du zu kurz gekommen. Du kannst einem wirklich Leid tun."

„Nun ja", sagte das Schilfrohr, „ich bin schwach, das stimmt. Ich beuge mich, aber ich breche nicht und noch keiner der Stürme hat mich geknickt. Wir werden sehen, wer auf die Dauer stärker ist, du oder ich."

Nicht lange danach zog von Norden her ein Unwetter heran. Ein heftiger Sturm brach los und fegte heulend über das Land. Das Schilfrohr beugte sich, beugte sich tief. Der Eichbaum stand da, aufrecht wie immer.

Als die Gewalt des Sturmes nachließ, richtete sich das Schilfrohr unversehrt auf – die Eiche aber lag entwurzelt am Boden.

Jean de La Fontaine

Die Ratsversammlung der Ratten

Ein Kater, der Rattenschreck genannt wurde, war der Schrecken aller Ratten in der Stadt. So ausgezeichnet verstand er sich aufs Anschleichen, Lauern und Zupacken, dass ihm eine Ratte nach der anderen zum Opfer fiel. Jene, die übrig geblieben waren, wagten sich nicht mehr aus den Löchern hervor und fanden kaum noch Nahrung. Die Stadtratten waren verzweifelt. Wenn es so weiterging, würde keine von ihnen überleben.

In einer Frühlingsnacht, als Rattenschreck sich verliebt auf den Dächern der Stadt herumtrieb und einer Katzenschönheit nachstellte, versammelten sich alle Ratten, die noch am Leben waren, und hielten in einem versteckten Winkel eine Ratsversammlung ab.

„Es gibt nur ein Mittel, uns zu retten", erklärte die älteste Ratte. „Wir müssen dem Kater ein Halsband umlegen, an dem ein Glöckchen hängt. Sobald er sich anschleicht, wird uns das Geklingel warnen und wir können rechtzeitig fliehen."

Alle Ratten waren von diesem Vorschlag begeistert und nahmen ihn einstimmig an.

Wer aber sollte dem Kater das Halsband mit dem Glöckchen umhängen?

Da war's aus mit der Einigkeit.

Etliche Ratten riefen: „Viel zu gefährlich! Wir sind nicht so dumm und wagen uns in die Nähe seiner Krallen und spitzen Zähne."

Wieder andere meinten: „Nur der Beste, der Klügste, der Tüchtigste von uns kann ihm das Glöckchen umhängen, wir selber sind leider zu ungeschickt."

Aber wer war der Beste, der Klügste, der Tüchtigste?

Keine der Ratten wollte es sein. Auf viele Worte folgte keine Tat. Nichts geschah! Die Versammlung der Ratten löste sich auf, so weise der Rat der alten Ratte auch gewesen war.

Gleichen wir Menschen nicht mitunter den Ratten? Auf so manchen Versammlungen wird viel geschwätzt und nichts getan. Kluge Reden halten kann jeder, wenn es aber darum geht zu handeln, ist keiner dazu bereit.

Jean de La Fontaine

Wie soll die Katze heißen?

Ein Mann hatte eine Katze, eine wahre Katzenschönheit mit seidenglattem Haar. Und wie kräftig und zugleich geschmeidig ihr Körper war! Alle seine Freunde beneideten ihn um das prachtvolle Tier. Eines konnten sie aber nicht verstehen: Der Mann nannte seine Katze nur – ‚Katze'.

„Das ist kein Name für dieses wunderbare Geschöpf", sagten sie eines Tages zu ihm. „Diese Katze ist etwas Besonderes und muss daher auch einen besonderen Namen haben."

„Nennen wir sie ‚Tiger'!", schlug einer der Freunde vor. „Kein anderes Tier ist dem Tiger an Stärke gleich."

„Du irrst dich", sagte ein Zweiter. „Drachen sind mächtiger als Tiger und noch dazu herrlich anzusehen mit ihren glitzernden Schuppen. Ich würde diese Katze ‚Drache' nennen."

„Drachen fliegen hoch in den Himmel hinauf", sagte der dritte Freund, „aber noch höher oben segeln die Wolken dahin. Wenn ihr mich fragt, so wäre ‚Wolke' der richtige Name."

„Der Wind ist den Wolken an Kraft überlegen", sagte der Vierte. „Er jagt sie vor sich her, verbläst sie und fegt den Himmel rein. Also soll die Katze ‚Sturmwind' heißen."

„Hält nicht eine Mauer dem ärgsten Sturm stand?", fragte ein anderer. „Wenn er noch so dagegen anrennt, er kann sie nicht umwerfen. Wir wollen die Katze daher ‚Mauer' nennen."

„Wieder falsch!", erklärte der Nächste. „Habt ihr die Mäuse vergessen? Unermüdlich graben sie Gänge in der Erde, bis die Mauer in sich zusammenfällt. Mäuse sind stärker als eine Mauer."

Der Besitzer der prächtigen Katze fing zu lachen an. „Und wer jagt Mäuse?", rief er. „Versteht ihr nun, warum ich sie ‚Katze' nenne? Kein anderer Name passt so gut zu ihr wie der eigene."

China

Der junge Tiger und das Stacheltier

Einmal wanderte ein junger, unerfahrener Tiger aus den Bergen ins Tal hinunter. Auf dem Weg dorthin begegnete er einem Stachelschwein.

„Etwas stachelig, aber bestimmt wohlschmeckend", dachte er und biss zu.

Im nächsten Augenblick heulte er vor Schmerz auf. Die Stacheln hatten sich in sein empfindliches Maul und in die Zunge gebohrt. Er floh in die Berge zurück, verkroch sich in einem Schlupfwinkel und wagte sich lange nicht hervor.

Als die Schmerzen nachgelassen hatten, wanderte er wieder ins Tal hinab. Der Zufall wollte es, dass
mitten auf dem Weg eine Kastanie in ihrer stache-
ligen Hülle lag.

Der Tiger verbeugte sich tief vor ihr und sagte:
„Ich hatte vor einiger Zeit die große Ehre, Ihren
verehrten Herrn Vater kennen zu lernen. Erlauben
Sie bitte, junger Herr, dass ich an Ihnen vorbeigehe!"

Weil die Kastanie – stumm, wie sie war – keine
Antwort gab, kehrte der junge Tiger um und mied
von diesem Tag an aus Angst vor den Stachelwesen
das Tal.

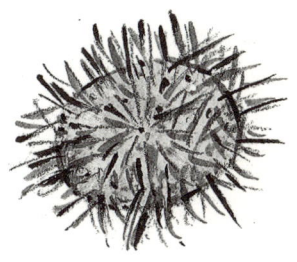

Die Fähigkeit, aus Erfahrung zu lernen, ist wich-
tig, genügt aber noch nicht. Man muss das, was
man gelernt hat, auch richtig anwenden.

China

Der Tiger und die vier Weisen

Einst lebten in Indien vier weise Männer, die alles Wissen dieser Welt erlernen wollten. Als sie, nach vielen Jahren, endlich alles wussten, was ein Mensch wissen konnte, fanden sie eines Tages die von der Sonne gebleichten Knochen eines Tigers.

„Freunde", sagte der erste Weise, „hier ist eine gute Gelegenheit zu zeigen, wie groß unser Wissen ist. Lasst uns den Tiger wieder zum Leben erwecken."

„Nichts leichter als das", sagten zwei der anderen Weisen.

Der Vierte aber schwieg.

„Ich kann die Knochen zusammenfügen", sagte der Erste.

„Ich kann dem Tiger Fleisch, Blut und das Fell geben", sagte der Zweite.

„Und ich weiß, wie man ihm den Atem des Lebens einhaucht", sagte der Dritte.

Der Vierte schwieg.

Der erste Weise fügte die Knochen zusammen. Der Zweite gab dem Knochengerüst Fleisch und Blut und umhüllte es zu allerletzt mit dem gelben, schwarz gestreiften Fell.

„Gleich wird dieses tote Geschöpf durch meine Kunst lebendig sein", sagte der Dritte.

„Freunde", rief der Vierte, „habt ihr vergessen,

dass es ein Tiger ist? Wird er uns nicht töten, wenn wir ihn zum Leben erwecken?"

„Warum so ängstlich?", fragten die drei anderen. „Wenn wir unser Wissen nicht benützen, welchen Wert hat es dann?"

„Ihr mögt Recht haben", sagte der Vierte. „Wartet aber bitte so lange, bis ich auf den Baum dort geklettert bin."

Als der vierte Weise oben im Baum saß, hauchte der Dritte dem Tiger den Lebensatem ein. Der Tiger erhob sich, fiel über die drei Weisen her und tötete sie. Nur der Vierte, der auf den Baum geklettert war, blieb am Leben.

Wissen, das nicht weise benützt wird, kann sich gegen den wenden, der es besitzt.

Indien

35

Die Affen und das Glühwürmchen

Eine Schar Affen lebte zufrieden nach ihrer Art in einem Wald, wo sie Früchte und Nüsse sammelten und essbare Wurzeln ausgruben. Tag für Tag ruhten sie sich viele Stunden im warmen Sonnenschein aus. Eines Nachts aber wurde es bitterkalt, ein eisiger Wind blies. Die Affen drängten sich zitternd und frierend aneinander und jammerten vor sich hin.

Ein junger Affe, der sich für klüger als die anderen hielt, erblickte in einem nahen Gebüsch einen leuchtenden Punkt und lief neugierig hin. Es war ein Glühwürmchen, der junge Affe meinte freilich, es sei ein Funke, der zum Feuermachen tauge. Er schüttelte das Glühwürmchen zu Boden und legte welkes Laub darauf.

Die anderen Affen kamen plappernd und schwatzend herangehüpft und wollten wissen, was los war.

„Ich fache ein Feuer an", erklärte das kluge Äffchen.

„Was für ein guter Einfall", sagten die Affen, „da wird uns gleich nicht mehr so kalt sein."

„He, ihr Affen", rief ein Vogel, der oben in einem Baum saß, „das ist ein Leuchtkäfer und keine Flamme!"

Die Affen achteten nicht darauf, scharrten Laub

zusammen und warfen es auf das bedauernswerte Glühwürmchen.

Das kluge Äffchen kauerte sich nieder und wollte die Glut anblasen. Die anderen Affen hielten die Pfoten an den Laubhaufen, als strahle er schon Wärme aus.

Das war zu viel für den Vogel. Er kam herabgeflattert und rief: „Hört mir doch endlich zu! Hab ich euch nicht gesagt, dass es keine Flamme ist? Es ist nur ein phosphoreszierendes Insekt! Aus einem leuchtenden Käfer wird nie ein Feuer."

„Dieser Vogel ist zu lästig!", kreischten da die Affen. „Wer hat ihn um Rat gefragt? Warum mischt er sich ein? Was wir tun, geht ihn nichts an."

Sie hoben Steine auf und verjagten den Vogel. Nachher hockten sie rund um den Laubhaufen, aber warm wurde ihnen nicht. Das kluge Äffchen mochte noch so blasen, kein Funke entfachte das Laub, keine Flamme züngelte hoch und die Affen froren wie zuvor.

Indien

Das Blatt

Ein welkes Blatt trieb im Wind dahin und begegnete einem Vogel.

„Sieh", raschelte es voller Stolz, „ich kann fliegen wie du."

„Wenn du fliegen kannst, dann mach es mir nach!", antwortete der Vogel, wendete und steuerte mit kräftigen Flügelschlägen gegen den Wind.

Das Blatt aber wirbelte hilflos weiter. Als der Wind sich legte, fiel es in einen Bach, der munter plätschernd durch den Wiesengrund floss. Nun segelte das Blatt auf den Wellen und gluckste den Fischen zu: „Seht mich an, ich kann schwimmen wie ihr."

Die stummen Fische konnten ihm keine Antwort geben und widersprachen ihm daher nicht. „Das sind anständige Geschöpfe", sagte das Blatt zu sich, „die lassen gelten, dass auch ein anderer dasselbe kann wie sie."

Weiter und weiter glitt das Blatt und merkte nicht, dass es sich immer mehr mit Wasser voll sog und schon durch und durch verrottet war.

Marie von Ebner-Eschenbach

Der Kormoran und die Sterne

Eines Nachts suchte ein Kormoran am Meeresufer nach Nahrung und sah, wie die Sterne sich im Wasser spiegelten. Weil er meinte, die sanft flimmernden Lichtpunkte seien Fische, tauchte er und wollte sie mit dem Schnabel fassen. Wieder und wieder tauchte er, aber nie gelang es ihm, einen der vermeintlichen Fische zu fangen.

Schließlich gab er es auf und schwor, weil alle Mühe vergeblich gewesen war, nie mehr nach einem Fisch zu tauchen. Zeit seines Lebens nährte er sich kümmerlich von ein paar Krabben, Krebsen und Muscheln, die er am Ufer fand, mochte es auch im Meer von Fischen nur so wimmeln.

Indien

Der Bär am Biberdamm

Einmal, an einem Tag im Frühling, kam ein Bär zu einem Bibersee oben in den Bergen. Nach der Schneeschmelze waren die Biber eifrig dabei, den Damm am See-Ende auszubessern. Sie fällten Bäume, schwammen mit Ästen und Zweigen und Pfoten voller Erde zum Damm und stopften jedes Loch.

„Die werde ich jetzt ein bisschen ärgern", sagte der Bär zu sich. „So was macht Spaß!"

Der Bär stieg auf den Damm, trampelte darauf herum, riss da einen Zweig heraus und knickte dort einen Ast.

Die Biber schwammen aufgeregt umher. „Bär! Bär!", riefen sie. „Was tust du? Du zerstörst unseren Damm!"

„Na und", sagte der Bär. „Was ist da schon dabei?"

„Wie kannst du nur so reden!", riefen die Biber. „Weißt du nicht, was geschieht, wenn der Damm bricht?"

„Dann bricht er eben", sagte der Bär und packte einen dicken Baumstamm, der aus dem Damm ragte.

„Lass das!", riefen die Biber. „Wenn du schon nicht an uns denkst, dann denk an dich selbst. Das Wasser wird dich den Berg hinunterreißen."

„Vor ein bisschen Wasser fürchtet sich unsereins nicht", sagte der Bär, zog und zerrte – und riss den Baumstamm aus dem Damm.

Der Damm brach.

Einem Sturzbach gleich erfasste der Wasserschwall den Bären und wirbelte ihn den Hang hinunter. Er wurde gegen Felsblöcke geschleudert und fand nirgends Halt.

Endlich ließ die Gewalt des Wassers nach. Der Bär blieb ganz zerschlagen unten am Hang liegen.

Oben im halb ausgelaufenen See waren die Biber schon wieder dabei, den Damm auszubessern. Bis der Bär sich aber aufrappelte, dauerte es eine ganze Weile. Ihm war, als sei keines seiner Glieder heil geblieben.

„Daran sind nur die Biber schuld!", jammerte er. „Warum haben sie ihren Damm nicht fester gebaut?"

Der Bär hinkte grollend in die Berge. Am Bibersee ließ er sich nie wieder blicken.

Indianer, Nordamerika

Die drei Fische

An einem kleinen See, weit entfernt von den Siedlungen der Menschen, lebten einst drei Fische. Einer der Fische war alt und erfahren. Der zweite war noch jung, aber umsichtig und verständig. Der dritte Fisch lebte gedankenlos in den Tag hinein, schwamm träge umher, schnappte nach Mücken und kümmerte sich um nichts.

Eines Tages kamen Fischer am See vorbei, sahen die drei Fische und beschlossen, sie zu fangen. Vorher mussten sie aber in ihr Dorf zurückgehen und Netze und Reusen holen.

„Lasst uns fliehen!", rief der alte, erfahrene Fisch. „Noch ist es Zeit, den Menschen zu entkommen. Folgt mir!"

Ohne lange zu überlegen, flüchtete der alte Fisch in den Bach, der aus dem See herausrann, und brachte sich in Sicherheit.

Der zweite Fisch dachte: „Er hat Recht! Aber warum soll ich sofort fliehen? So schnell werden die Menschen nicht wieder da sein. Ich bleibe noch eine Weile hier."

Der dritte Fisch hatte die Menschen am Ufer nicht wahrgenommen. Er sonnte sich an einer seichten Stelle, plätscherte mit den Flossen und merkte nicht, dass der alte, erfahrene Fisch geflohen war.

Wie so oft, verging die Zeit zu schnell. Die Fischer kamen früher zurück, als der zweite Fisch angenommen hatte, und stellten ihre Reusen am Zufluss und Abfluss auf.

„Es gibt keinen Fluchtweg mehr!", dachte der zweite Fisch. „Warum bin ich nicht gleich geflohen? Aber man darf die Hoffnung nicht aufgeben, auch wenn alles aussichtslos zu sein scheint. Jetzt hilft mir nur noch eine List."

Als die Fischer ihre Netze auswarfen, ließ er sich – bauchoben – auf dem Wasser treiben.

Weil sie meinten, dass er tot sei, beachteten ihn die Fischer nicht. So rettete auch der zweite Fisch sein Leben. Der dritte Fisch hatte endlich begriffen, was los war. Statt zu überlegen, wie er der Gefahr entkommen könnte, schwamm er verzweifelt im See herum, dahin und dorthin, und schwamm geradewegs – in die Netze der Fischer hinein.

Indien

Der Junge und die Klapperschlange

Einmal im Herbst wanderte ein Junge durch die Wüste und sah am Wegrand eine Klapperschlange liegen. Nachts war es bitterkalt gewesen, der frühe Frost hatte die Klapperschlange überrascht, sie war steif gefroren und konnte sich nicht mehr rühren.

Der Junge blieb stehen und schaute die Schlange mitleidig an,

„Hilf mir", sagte sie mit schwacher Stimme. „Heb mich auf und wärme mich. Wenn du mich hier liegen lässt, muss ich sterben."

„Du tust mir Leid", sagte der Junge, „aber du bist eine Klapperschlange! Wenn ich dich aufhebe, wirst du mich beißen."

„NEIN!", zischelte die Schlange. „Ich beiße dich nicht! Heb mich auf, drück mich fest an dich, sonst ist es um mich geschehen."

„Sie hat mir versprochen, mich nicht zu beißen", dachte der Junge. „Und wenn ich ihr nicht helfe, wird sie sterben." Er bückte sich, hob die Schlange auf und drückte sie an sich. Die Klapperschlange fühlte die Wärme seines Körpers, die Starre wich, sie fing an sich zu regen – und ganz plötzlich stieß sie zu und biss den Jungen in den Arm.

Der Junge ließ sie fallen, „Was hast du getan?", rief er. „Hast du nicht versprochen, mich nicht zu beißen?"

„Ja, das habe ich", antwortete die Schlange. „Aber du hast auch gewusst, dass Klapperschlangen nicht anders können als den zu beißen, der sie aufhebt."

Indianer, Nordamerika

Hochmut kommt vor dem Fall

Weil das Einhorn so selten war, hielt es sich von allen Tieren für das Schönste und Stärkste und war noch dazu überzeugt, einmalig zu sein.

Eines Tages sah das Einhorn einen Raben, der auf einem Felsblock saß.

„Alt und weise wie du bist", sagte es, „wirst du bestimmt wissen, dass ich einmalig bin und keiner stärker ist als ich."

„Sei nicht hochmütig!", antwortete der Rabe. „Einmalig magst du ja sein, aber dieser Felsblock ist stärker als du."

„Da irrst du dich!", rief das Einhorn. „Ich werde

gleich beweisen, wer der Stärkere ist und dich samt dem Felsblock umstoßen."

Das Einhorn machte einen gewaltigen Satz und rannte mit dem Horn gegen den Felsen an.

Der Felsblock mit dem Raben obenauf wankte nicht einmal. Das Horn jedoch lag in viele Stücke zerbrochen auf dem Boden.

Der Rabe breitete bedächtig die Flügel aus und sagte: „Armes Einhorn! Bist nicht mehr einmalig ohne dein langes Horn. Und statt deine Stärke zu beweisen, hast du mir ungebeten etwas anderes bewiesen: Dummheit mit Hochmut vereint, das kann nicht gut ausgehen."

August Gottlieb Meissner

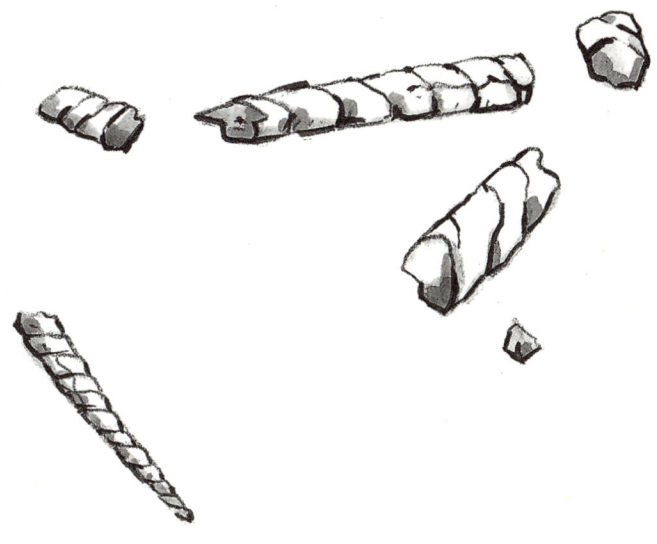

47

Nachbeter

Ein Rabe, der oben im Gebirge lebte, wunderte sich schon seit einiger Zeit über das Echo.

„Was ist denn mit dir los?", fragte er es eines Tages. „Immerzu wiederholst du nur, was andere rufen. Gibt es nichts, was du selber sagen könntest? Gibt es wirklich nichts?"

„ . . . nichts . . . nichts . . . ", kam die Antwort des Echos von den Bergwänden zurück.

So ist es auch mit manchen Menschen. Sie beten nach, was andere behaupten, ohne sich die Mühe zu nehmen, nachzudenken und eine eigene Meinung zu haben.

Abraham Emanuel Fröhlich

Der Apfelbaum und die Tanne

Hinter einem in voller Blüte stehenden Apfelbaum
erhob eine Tanne ihren dunklen Wipfel.

„Du tust mir Leid", sagte der Apfelbaum zur
Tanne. „Schau dir meine vielen Blüten an! Sind sie
nicht eine Pracht? Aber was hast du aufzuweisen?
Grüne Nadeln, nichts als grüne Nadeln!"

„Das ist wahr", antwortete die Tanne. „Deine
Blüten erfreuen die Menschen. Doch wenn der
Winter kommt, wirst du kahl und entlaubt sein
und die Menschen werden sich an meinem immer-
grünen Nadelkleid erfreuen."

Arthur Schopenhauer

Warum das Schwein weinte

Ein Schwein musste sich immerzu anhören, wie die Menschen einander mit seinem Namen beschimpften.

Da sagte einer zum anderen: „Was du behauptest, ist eine Lüge, du Schwein!"

Wieder einer sagte: „Dieses Schwein von einem Kaufmann hat mich betrogen."

Und wenn die Menschen sich über Schmutz und Unordnung beklagten, riefen sie: „Hier sieht es aus wie in einem Schweinestall!"

So ging es fort, tagaus, tagein. Das arme Schwein kränkte sich mehr und mehr. Einmal, als es wieder anhören musste, wie man seinen Namen missbrauchte, liefen ihm vor Kummer dicke Tränen aus den Augen.

Ein munterer Esel, der vorbeikam, fragte voll Anteilnahme: „Warum weinst du? Kann ich dir helfen?"

„Nein", schluchzte das Schwein, „das kannst du nicht. An meiner Stelle aber würdest du auch weinen." Und das Schwein erzählte sein ganzes Elend dem Esel.

Der Esel hörte mitfühlend zu und sagte: „Ja, das ist wirklich eine Schweinerei!"

Iwan Krylow

Die Maus und die Schnecke

Eine Maus, die auf einer Wiese umherhuschte, begegnete einer Schnecke.

„Schnecke", sagte die Maus, „du kannst einem Leid tun. Kriechst so langsam dahin und schleppst noch dazu dein eigenes Haus auf dem Rücken. Wärst du nicht lieber eine mauseflinke Maus wie ich?"

„Nein, danke!", antwortete die Schnecke. „Mich stört es nicht, dass ich nur langsam kriechen kann. Außerdem ist es praktisch, das eigene Haus mit sich zu tragen. Ich bin – sozusagen – immer zu Hause und kann mich bei Gefahr darin verkriechen. Möchtest du nicht eine Schnecke sein wie ich?"

„Nein, danke!", rief die Maus. Sie lief mauseflink über die Wiese und wäre, weil sie nicht aufpasste, beinahe in die Krallenpfoten einer lauernden Katze geraten.

Die Maus floh, so schnell sie konnte, und erreichte im letzen, im allerletzten Augenblick ihr schützendes Mauseloch.

„Jetzt hätte sie wohl gern ihr eigenes Haus bei sich gehabt", dachte die Schnecke und kroch bedächtig weiter, wie es ihre Art war.

August Gottlieb Meissner

Die Mücke und der Löwe

Eine kleine Mücke flog zu einem Löwen und sirrte:
„Gewiss glaubst du, stärker zu sein als ich. Das
ist jedoch ein Irrtum, mein Lieber. Wenn ich dich
angreife, nützt dir deine ganze Löwenkraft nicht.
Du wirst vergeblich kratzen und beißen mit deinen
Klauen und Zähnen. Nicht einmal der dickhäutige
Stier kann sich vor mir schützen. Niemand kann
es. Auch du nicht."

Die Mücke stieß ihren Mückenkampfruf aus, stürzte sich auf den Löwen und stach ihn in die Ohren, ins Maul und in die empfindliche Nase. Immer wieder. Und immer wieder.

Der Löwe schlug – unwillig zuerst und dann zornig – mit der Pranke nach der Mücke, zerkratzte sich aber nur selber das Gesicht. Die Mücke war zu flink für ihn. Schließlich gab er erschöpft den ungleichen Kampf auf.

Die Mücke sirrte triumphierend fort. „Wie stark ich bin!", dachte sie. „Viel stärker noch als selbst der mächtige Löwe." Weil sie vor lauter Stolz nicht achtete, wohin sie flog, geriet sie in das Netz einer Spinne.

So kam die Mücke, die einen Löwen besiegt hatte, durch eine Spinne, die nicht viel größer war als sie, um ihr Leben.

Leo Tolstoj

Das Löwenjunge und die Frösche

Ein Löwenjunges, das sich zum ersten Mal von seiner Mutter fortgewagt hatte, kam zu einem Tümpel, wo eine Schar Frösche im Chor quakte. Das Löwenjunge erschrak, lief zu seiner Mutter zurück und rief: „Dort beim Tümpel ist etwas, das muss ungemein groß und ungemein gefährlich sein, weil es eine so laute Stimme hat."

„Wir werden gleich sehen, was es ist", sagte die Löwin und ging mit ihrem Jungen zum Tümpel. Dort angekommen, schlug sie mit dem Schwanz und hob wie drohend ihre Pranke. Sofort verstummte das Gequake, und die Frösche flüchteten ins Wasser und tauchten unter.

„Mein Sohn", sagte die Löwin, „was da am Tümpel lärmte, war weder ungemein groß noch ungemein gefährlich. Es waren nur – Frösche!"

Nicht alles, was viel Lärm macht, ist groß und bedeutend.

Aesop

Der Frosch und die Maus

Eine kleine Maus stand vor einem breiten Bach und wollte ans andere Ufer. Da sie nicht schwimmen konnte, bat sie einen Frosch, der im Wasser planschte, um Hilfe.

„Wird gemacht!", quakte der Frosch. „Binde deine Pfote an meinen Fuß, dann schwimme ich mit dir hinüber."

Die Maus bedankte sich beim Frosch, band die Pfote an seinen Fuß und folgte ihm vertrauensvoll ins Wasser.

„Mit der will ich meinen Spaß haben", dachte der Frosch. Mitten im Bach, wo es am tiefsten war, tauchte er und wollte die Maus unter Wasser ziehen. Die Maus strampelte verzweifelt und wehrte sich mit ihren schwachen Kräften, so gut sie konnte. Der Frosch hatte sein Vergnügen daran.

Ein Reiher, der über den Bach flog, entdeckte die zappelnde Maus, schnappte sie und fischte mit ihr auch den Frosch aus dem Wasser. Dann fraß er beide, die Maus und den Frosch.

Wer anderen schaden will, schadet sich selbst.

Martin Luther

Der Fuchs und der Tiger

„Möchtest du nicht so groß und stark sein wie ich?", fragte einmal ein Tiger einen Fuchs.

„Nein", antwortete der Fuchs. „Wozu auch? Für meine Art zu jagen bin ich groß und kräftig genug."

„Mein prächtiges Fell, was ist mit dem?", fragte der Tiger. „Möchtest du es nicht haben? Gelb und schwarz gestreift, wie es ist, würde es dir gut stehen."

„Mag sein", antwortete der Fuchs. „Ich muss aber nicht mehr scheinen als ich bin. Tigerstreifen im Fell brauche ich wirklich nicht."

„Hast du denn gar keinen Wunsch?", wollte der Tiger wissen.

„Doch, ich habe einen", sagte der Fuchs. „Ich möchte mich wie ein Vogel schwerelos in die Luft erheben und hoch hinauf in den Himmel fliegen."

„Meine Größe und Kraft willst du nicht haben", spottete der Tiger, „auch nicht mein schön gestreiftes Fell. Aber fliegen möchtest du! Dieser Wunsch, mein Lieber, wird sich nie erfüllen."

„Ich weiß", sagte der Fuchs, „aber träumen davon wird man wohl dürfen!"

Gotthold Ephraim Lessing

Der Fuchs ohne Schwanz

Ein alter Fuchs war in eine Falle geraten, konnte sich daraus befreien, musste aber seinen Schwanz darin lassen. „Schwanzlos wie ich jetzt bin", dachte er betrübt, „kann ich mich kaum sehen lassen. Alle werden mich verspotten. Ich weiß, was ich tun muss."
Er rief die anderen Füchse zusammen, stellte sich vor sie hin und sagte:
„Habt ihr gehört, was die neueste Mode ist? Kein Fuchs trägt mehr einen Schwanz. So ein Schwanz ist doch nur ein nutzloses Ding, gerade gut genug, um damit Staub zu kehren. Außerdem ist er uns hinderlich, wie leicht kann er irgendwo stecken bleiben. Also, folgt meinem weisen Rat und stutzt eure Schwänze."
„Auf diesen weisen Rat können wir verzichten", riefen die Füchse. „Warum sollen wir alle schwanzlos sein, weil du deinen Schwanz verloren hast? Nein, so töricht sind wir nicht!"

So mancher gibt einen angeblich guten Rat, der anderen schadet, nur weil es für ihn selbst von Vorteil ist.

Aesop

Der Wolf und sein Spiegelbild

Ein junger, noch unerfahrener Wolf kam auf der Suche nach Beute an einen See, auf dem Gänse und Enten und allerlei andere Wasservögel umherschwammen.

Der junge Wolf schlich ans Ufer – und erblickte sein Spiegelbild auf der glatten, von keinem Windhauch bewegten Wasserfläche.

„Nein, so was!", dachte der Wolf. „Da ist einer, der will mir meine Mahlzeit wegnehmen."

„Verschwinde!", knurrte er und fletschte die Zähne. Im selben Augenblick fletschte auch das Wölfchen im Wasser die Zähne.

„Das darf nicht wahr sein!", dachte der junge Wolf. „Warte, dir werde ich es zeigen!"

Er sprang ins Wasser, dass es nur so platschte. Aber da war niemand, den er am Fell hätte packe können. Soviel er auch schnappte und zubiss, er bekam nur Wasser ins Maul.

Der junge Wolf konnte sich das nicht erklären und kroch ans Ufer zurück. Das zweite Wölfchen war verschwunden.

„Der hat Angst bekommen und ist davongelaufen", dachte der junge Wolf. Kaum hatte sich aber das Wasser geglättet, erblickte er wieder sein Spiegelbild.

Der junge Wolf sträubte das Fell, legte die Ohren zurück und fletschte die Zähne noch drohender als zuvor. Und was tat das Wölfchen im Wasser? Es sträubte das Fell, legte die Ohren zurück und fletschte ebenfalls die Zähne.

„Jetzt ist es genug!", rief der junge Wolf, machte einen gewaltigen Satz und wollte den unverschämten Gegner an der Kehle fassen. Er sprang wie toll im Wasser umher, er schnappte, er biss zu, er sprang und sprang. Und sprang und sprang, biss zu und schnappte. Immer vergeblich.

Schließlich gab er es auf und ließ sich erschöpft ins Ufergras fallen. An diesem Tag blieb der junge Wolf hungrig, denn die Enten und Gänse und all die anderen Wasservögel hatten längst die Flucht ergriffen und waren davongeflogen.

Wer überall Feinde zu erblicken meint, kämpft gegen sich selbst und vergeudet nur seine Kräfte.

Indianer, Nordamerika

Das unzufriedene Fohlen

Ein munteres Fohlen lebte mit seinem Vater, einem weisen, erfahrenen Pferd, in einem einsamen Tal, fernab von den Menschen. Auf den Wiesen blühten Blumen, das Gras war weich, der Klee war saftig und die Kräuter schmeckten würzig. Ein klarer Bach plätscherte durchs Tal. Bäume und Büsche boten Schatten, wenn die Sonne zu heiß schien.

Das Fohlen hatte alles, was es sich nur wünschen konnte. Wie so oft, wurde es gerade dadurch mehr und mehr unzufrieden. Es galoppierte umher, ohne daran Freude zu haben. Es legte sich zum Schlafen unter die Bäume, auch wenn es nicht müde war. Es rupfte lustlos Klee und fand, dass die Kräuter fade schmeckten und das Wasser im Bach schal war.

„Vater", sagte es eines Tages, „in diesem Tal ist es nicht zum Aushalten! Gewiss gibt es anderswo Wiesen, auf denen das Gras weicher, der Klee saftiger ist und die Kräuter würziger sind. Gewiss gibt es anderswo Wiesen, auf denen es Freude macht herumzugaloppieren. Hier komme ich vor Langeweile um!"

„Wenn es so ist", sagte das weise, erfahrene Pferd, „dann lass uns sofort aufbrechen. Ich weiß eine Weide, die dir gefallen wird."

So zogen beide fort. Das Fohlen sprang umher und wieherte vergnügt, das weise Pferd ging gelassen dahin.

Sie wanderten und wanderten. Sie trabten durch dichte Wälder, plagten sich durchs Unterholz. Sie kletterten Berghänge hinauf und stiegen auf steinigen Pfaden wieder hinab. Nicht ein Fleckchen Grün wuchs im Gestein. Das Pferd und sein Fohlen blieben hungrig.

Als die Nacht kam, konnte sich das Fohlen kaum noch weiterschleppen.

„Es ist Zeit, dass wir heimkehren", dachte das weise Pferd und führte das Fohlen auf einem anderen Weg zurück ins Tal.

Die Sterne am Himmel waren verblasst. Im Grau

der Morgendämmerung erkannte das Fohlen nicht, wo sie waren. Hungrig, wie es war, begann es sofort zu fressen.

Wie weich das Gras war, wie saftig der Klee, wie würzig schmeckten die Kräuter! Wie erfrischend kühl war das klare Bachwasser.

„Vater", rief das Fohlen, „du hast Recht gehabt. Eine bessere Weide als diese gibt es nicht. Hier wollen wir bleiben."

Im selben Augenblick erhob sich die Sonne am Himmel, und das Fohlen merkte, dass sie in jenem Tal waren, das ihm so langweilig erschienen war.

„Mein Sohn", sagte das weise Pferd, „wer im Überfluss lebt, wird allzu leicht unzufrieden, und was allzu selbstverständlich ist, schätzt man nicht. Weißt du jetzt, warum ich mit dir fortgewandert bin, nur um dich wieder heimzuführen?"

„Ja, jetzt weiß ich es", antwortete das Fohlen. Dann legte es sich, erschöpft vom langen Marsch, neben seinen weisen Vater in den Schatten der Bäume.

Die Sonne stieg höher und höher. Um die Mittagszeit sprang das Fohlen gut ausgeruht auf. Es warf den Kopf zurück und galoppierte fröhlich wiehernd über die blühenden Wiesen des Tals. Ans Fortwandern dachte es nicht mehr.

Ludwig Heinrich von Nicolay

Der Grashüpfer

Sommer war es, die Erntezeit hatte begonnen. Auf einer der gemähten Wiesen stand ein Leiterwagen, der so hoch mit duftendem Heu beladen war, dass die Pferde ihn nicht vom Fleck brachten. Sie strengten sich mächtig an, aber es gelang ihnen nicht. Oben auf dem Heu saß ein Grashüpfer. „Diese armen Geschöpfe", dachte er, „wie sie sich plagen! Und ich sitze da und freue mich darauf, herumgefahren zu werden. Aber man darf nicht selbstsüchtig sein! Mit mir oben auf dem Heu ist die Last einfach zu schwer."

Und der Grashüpfer sprang in einem weiten Satz vom Wagen herab auf die Wiese.

„Kommt her!", rief im selben Augenblick der Bauer seinen Helfern zu. „Wir müssen anschieben."

Die Menschen schoben an, die Pferde legten sich ins Zeug. Mit vereinten Kräften war es endlich so weit. Die Räder fingen an sich zu drehen, die Pferde zogen den Wagen fort.

Der Grashüpfer schaute ihnen zufrieden nach.

„Was für ein Glück, dass ich heruntergesprungen bin", sagte er zu sich. „Nur so konnten sie es schaffen. Sich bei mir zu bedanken, das haben sie freilich vergessen. Macht nichts! Eine gute Tat bleibt eine gute Tat, auch ohne Dank!"

Christian Fürchtegott Gellert

63

Zeus und das Pferd

Das Pferd, so meinten alle, sei das schönste Tier, das Zeus erschaffen habe. Da man es so oft sagte, glaubte das Pferd selber daran. Wenn es in schnellem Lauf dahingaloppierte, bewunderte es die Kraft seiner Beine. Es hielt den Kopf stets hoch erhoben und schüttelte voll Lust seine prächtige Mähne.

Mit der Zeit aber entdeckte es doch diese oder jene Unvollkommenheit und hatte keine rechte Freude mehr, wenn es sein Spiegelbild im Wasser betrachtete.

Schließlich trabte das Pferd zu Zeus und sagte: „Vater der Tiere und Menschen, man sagt, ich sei eines der schönsten Geschöpfe, die du erschaffen hast. Einiges an mir ist aber gewiss noch zu verbessern."

Der Schöpfer der Tiere und Menschen lächelte. „Was sollte denn besser sein?", fragte er. „Ich lasse mich gern von dir belehren."

„Vielleicht", antwortete das Pferd, „würde ich noch schneller laufen können, wenn meine Beine etwas länger wären. Ein anmutiger Schwanenhals würde mir gut stehen. Mit einer breiteren Brust wäre ich stärker, als ich es jetzt bin. Und da du mich auserwählt hast, den Menschen zu tragen, könnte ich doch gleich einen Sattel auf dem Rücken haben."

„Also gut", sagte Zeus, „hab einen Augenblick Geduld!" Und Zeus sprach das Wort der Schöpfung. Da regte sich Leben im Staub, etwas erhob sich daraus – und vor Zeus und dem Pferd stand das Kamel mit dem Höcker auf dem Rücken.

Das Pferd erschauerte. Was es erblickte, schien ihm allzu hässlich zu sein.

„Hier sind längere Beine", sagte Zeus, „hier ist der Schwanenhals, hier die breitere Brust. Und da ist der angewachsene Sattel. Willst du so aussehen, Pferd? Soll ich dich auf diese Weise umgestalten?"

Das Pferd zitterte noch immer und brachte kein Wort heraus.

„Geh jetzt fort!", befahl Zeus. „Diesmal will ich dich nur belehren und nicht bestrafen. Das neue Geschöpf aber soll weiter leben, damit du dich dann und wann daran erinnerst, wie unvernünftig vermessene Wünsche sind."

Gotthold Ephraim Lessing

Platsch, das Ungeheuer

Zwei durstige Hasen kamen zu einem Teich. Am Ufer stand ein Apfelbaum voll reifer Äpfel. Als die Hasen trinken wollten, fiel ein großer, reifer Apfel – platsch! – ins Wasser.

Die Hasen hörten das Platsch und liefen erschrocken davon. Ein Fuchs sah sie laufen. „Warum lauft ihr so schnell?", fragte er.

„Der Platsch kommt!", riefen die Hasen.

Der Fuchs hatte noch nie von einem Platsch gehört. „Wer weiß, was ein Platsch ist", sagte er zu sich. „Ich laufe lieber auch weg!" Und der Fuchs lief davon, so schnell er nur konnte.

Ein Affe sah den Fuchs laufen und wunderte sich. „Warum läufst du so schnell, Fuchs?", fragte der Affe.

„Der Platsch kommt!", keuchte der Fuchs.

Der Affe hatte noch nie von einem Platsch gehört. „Wenn der Fuchs vor ihm davonläuft", dachte er, „ist es bestimmt ein schreckliches Ungeheuer." Auch der Affe rannte davon, so schnell er nur konnte.

Ein Hund sah den Affen laufen. „Warum läufst du so schnell, Affe?", fragte der Hund.

„Der Platsch kommt!", rief der Affe.

„Wer ist denn dieser Platsch?", fragte der Hund.

„Ein schreckliches Untier!", rief der Affe.

Da fürchtete sich auch der Hund und lief davon, so schnell er nur konnte.

Der Hund traf ein Schwein und auch das Schwein lief davon.

Das Schwein erzählte es dem Bären.

Da lief auch der Bär.

Der Bär erzählte es dem Tiger.

Und sogar der Tiger lief!

Ein Löwe mit einer langen Mähne sah die Tiere laufen. „Warum lauft ihr alle davon?", wollte er wissen.

„Ein schreckliches Untier kommt!", rief der Tiger. „Es heißt Platsch."

„Was für ein Untier ist denn das?", fragte der Löwe.

„Weiß ich nicht", antwortete der Tiger. „Der Bär hat mich gewarnt."

Der Löwe fragte den Bären.

„Weiß ich nicht", brummte der Bär. „Das Schwein hat mich gewarnt."

Der Löwe fragte das Schwein. Er fragte den Hund. Er fragte den Affen. Er fragte den Fuchs.

Keiner wusste, wer Platsch war.

Zu guter Letzt fragte der Löwe die Hasen.

„Der Platsch?", sagten sie und wackelten mit den Ohren. „Wie sollen wir wissen, wer das ist. Aber wir haben ihn gehört, am Teich, als wir trinken wollten."

Der Löwe schüttelte die Mähne und knurrte. „Niemand weiß, wer dieser Platsch ist. Ich gehe hin und schau ihn mir an."

Und der Löwe ging zum Teich.

Hinterdrein schlich der Tiger.

Hinter dem Tiger schlich der Bär.

Hinter dem Bären schlich das Schwein.

Hinter dem Schwein schlich der Hund.

Hinter dem Hund schlich der Affe.

Hinter dem Affen schlich der Fuchs.

Ganz hinten hoppelten die Hasen.

Der Löwe kam zum Teich. Da fiel – platsch! – ein großer reifer Apfel ins Wasser.

„Aha!", sagte der Löwe, „jetzt wissen wir, wer das schreckliche Untier ist." Dann legte er sich in den Schatten des Apfelbaums und schlief friedlich ein.

Tibet

Maulwurfsblind und luchsscharf

Einst rief Jupiter, der Vater aller Götter, die Tiere zu sich und sprach: „Ich habe euch erschaffen und jedem von euch seine Gestalt und sein Wesen gegeben. Es könnte sein, dass der eine oder der andere damit nicht zufrieden ist. Sprecht ohne Angst und sagt mir eure Wünsche. Wenn sie vernünftig sind, werde ich sie erfüllen. Du, Äffchen, tritt als Erster vor! Was sollte anders sein an dir? Was gibt es zu verbessern?"

„Zu verbessern?", rief das Äffchen. „Nicht dass ich es wüsste! Ich bin rundum zufrieden mit mir. Hab ich nicht flinke Beine und geschickte Pfoten wie sonst keiner? Mich im Spiegel zu betrachten macht mir immer wieder Freude. Ich bin vollkom-

men, so wie ich bin. Aber schau dir den Bären an, Vater Jupiter! Der ist allzu plump. Der braucht deine Hilfe."

„Was?", rief der Bär. „Plump soll ich sein? Kräftig gebaut, das bin ich. Und alles passt wunderbar zusammen, der dicke Pelz, die mächtigen Tatzen, die Ohren, die weder zu klein noch zu groß sind. Da wir von Ohren reden, Vater Jupiter, schau dir den Elefanten an! Was hast du ihm für Flatterohren gegeben? Und wie absonderlich er aussieht! Hinten ein armseliges Schwänzchen und vorne ein Rüssel, der, das muss gesagt sein, viel zu lang ist."

„Jupiter", trompetete der Elefant, „hör nicht auf den Bären! Ihn plagt die Eifersucht, weil ihm der Rüssel fehlt und seine Ohren sich mit meinen nicht messen können. Was gäbe es an mir zu verbessern? Nichts! Leider kann ich das nicht vom Walfisch behaupten. Etwas zu dick ist er, doch das ginge noch an. Warum aber hast du ihm ein Maul gegeben, das man nur ein Mäulchen nennen darf?"

Der Walfisch spuckte Wasser aus und erklärte, die Größe seines Körpers und des Maules seien gerade richtig aufeinander abgestimmt. Zu bedauern sei jedoch die Ameise, weil sie so winzig sei.

„Und was ist mit der Milbe?", zirpte die Ameise. „Die sieht man kaum. Das nenn ich winzig. Mit Verlaub, dagegen bin ich ein Riese."

So ging es weiter und weiter. Jedes der Tiere hielt sich selber für wohl geraten, fand aber an einem anderen etwas auszusetzen.

Jupiter hörte sich geduldig an, was sie sagten, und schickte sie dann allesamt fort.

Gleichen wir Menschen nicht diesen Tieren? Maulwurfsblind, wenn es uns selber betrifft, sehen wir luchsscharf die Fehler und Schwächen der anderen.

Jean de La Fontaine

Das Hühnchen und die Perle

Ein Hühnchen scharrte in einem Hühnerhof nach Futter und fand eine in milchweißem Glanz sanft schimmernde Perle. „Damit fange ich nichts an", sagte das Hühnchen zu sich. „Dieses Ding ist nicht besser als ein Kieselstein. Ein Gerstenkorn wäre mir lieber!"

Das Hühnchen scharrte eifrig weiter, und die kostbare Perle blieb unbeachtet im Staub liegen.

Oft handeln wir Menschen wie dieses Hühnchen. So manches, das kostbar ist, bleibt unbeachtet, nur weil wir den wahren Wert nicht erkennen.

Phaedrus

Der schlaue Hase

Einmal, als ein kleiner Hase auf einer Uferwiese Gras und Kräuter nibbelte, kam ein Elefant daher-gestampft und trompetete: „Fort mit dir, Hase! Hier will ich fressen. Wenn wir Großen kommen, habt ihr Kleinen zu verschwinden."

Der Hase hoppelte fort und suchte Zuflucht hinter einem dichten Gebüsch am Ufer. Auch dort stand das Gras hoch und dicht. Kaum hatte er aber zu fressen angefangen, tauchte ein Nilpferd aus dem Fluss auf und grunzte: „Fort mit dir, Hase! Hier will ich fressen. Wenn wir Großen kommen, habt ihr Kleinen zu verschwinden."

„Euch werde ich es zeigen!", dachte der Hase. „Auch wir Kleinen haben Rechte." Er lief davon, holte ein Lianenseil und hoppelte damit zum Elefanten.

„Großmächtiger Elefant", sagte der Hase, „wollen wir Seilziehen? Ich bin zwar klein, aber vielleicht ebenso stark wie du. Wer weiß!"

„Was? Du willst so stark sein wie ich?", trompetete der Elefant. „Zieh nur am Seil, du Winzling! Das wird ein Spaß!"

Der Elefant packte das Seilende mit dem Rüssel. Der Hase lief mit dem anderen Ende im Mäulchen hinter das dichte Gebüsch, wo das Nilpferd war.

„Großmächtiges Nilpferd", sagte der Hase, „wollen wir Seilziehen? Ich bin zwar klein, aber vielleicht ebenso stark wie du. Wer weiß!"

„Was? Du willst so stark sein wie ich?", grunzte das Nilpferd. „Zieh nur, du Winzling! Das wird ein Spaß!"

Der Hase versteckte sich im Gebüsch und rief: „Los! Ziehen!"

Der Elefant zog, das Nilpferd zog; jeder glaubte, am anderen Ende ziehe der Hase. Sie zogen und zogen, sie strengten sich mächtig an. Sie stemmten die Beine in den Boden, sie schnaubten und schnauften, konnten aber einander nicht vom Fleck ziehen.

Endlich ließen sie das Seil los und fielen erschöpft zu Boden. Der Hase hüpfte zum Nilpferd. „He, du Dicker!", rief er. „Bin ich nun so stark wie du oder bin ich es nicht?"

Dann hoppelte der Hase zum Elefanten. „He, du Trampeltier!", rief er. „Bin ich nun so stark wie du oder bin ich es nicht?"

Es dauerte eine ganze Weile, bis der Elefant und das Nilpferd sich erholt hatten und sich beschämt aufrappelten. Der Hase lief vergnügt auf der Wiese umher und fraß da ein Gräschen und dort ein Kraut. Der Elefant fraß Laubbüschel, das Nilpferd fraß Grasbüschel, und es war genug Futter da für alle drei.

Mit Witz und Klugheit kann auch der Schwache sich zur Wehr setzen.

Afrika

Das jüngste der Küken

Eine Waldhuhnmutter hatte sechs muntere Küken. Sie führte ihre Kleinen im Wald herum und zeigte ihnen, wie man Futter sucht. Keinen Augenblick hatte sie Ruhe, immer musste sie aufpassen, dass nicht eines der Küken zu weit von ihr fortlief. „Bleibt bei mir!", rief sie. „Ihr dürft nicht allein herumlaufen.

„Warum?", fragte das jüngste der Küken. „Warum darf ich nicht allein herumlaufen?"

„Weil du noch zu klein bist", antwortete die Waldhuhnmutter. „Weil du noch viel lernen musst."

„Warum muss ich noch viel lernen?", fragte das Küken.

„Weil der Wald voller Gefahren ist", sagte die Mutter. „Wenn ich nicht bei dir bin, wer beschützt dich vor denen, die auf leisen Pfoten schleichen und immer hungrig sind? Hab nur Geduld und bleib bei mir, bis du groß geworden bist."

Am nächsten Tag, als das Waldhuhn wieder einmal seine Küken ausführte, blieb das Kleinste zurück.

Was krabbelte da? Was hüpfte dort? Was raschelte im Laub? Wie aufregend war es, allein im Wald zu sein. Sonnenkringel lagen auf Farn und Moos. Es summte und sirrte, es gab so viel zu ent-

decken. Das jüngste der Küken lief dahin und dorthin.

Auf einmal standen die Bäume dichter als zuvor.
Das Sonnenlicht fand den Weg nicht mehr durchs
Geäst. Es war düster, als käme schon der Abend.
Und wie still es geworden war. Unheimlich still.
Schlich da nicht einer auf leisen Pfoten daher? Einer,
der immer hungrig war?

Das Küken duckte sich und wagte sich nicht zu
rühren.

Der auf leisen Pfoten daherschlich, war wieder
im Wald verschwunden.

Kaum war er fort, rannte und rannte das Küken
und rief und rief nach seiner Mutter.

„Da bin ich!", sagte die Waldhuhnmutter. „Ich
habe dich gesucht." Sie gluckste beruhigend und
plusterte sich auf. Das Küken schlüpfte unter ihren
Flügel.

„Weißt du jetzt, warum du nicht allein herumlaufen darfst?", fragte das Waldhuhn.

„Ja, jetzt weiß ich es", sagte das Küken. Dann
streckte es den Kopf hervor und rief: „Aber gib zu,
es war gut, dass ich einmal allein herumgelaufen bin.
Wie hätte ich sonst wissen können, dass du Recht
hast, liebe Mutter?"

Indianer, Nordamerika

Die Uhr

Nacht war es, die Sterne standen am Himmel. In einem Schlafzimmer tickte eine Uhr, tickte und tickte. Ein Mensch lag in seinem Bett und schlief.

„Da liegt er und schläft!", dachte die Uhr. „Was für träge Geschöpfe sind doch die Menschen! Nicht zu vergleichen mit unsereins. Wir ticken und messen die Zeit, immerzu und ohne Rast, nicht nur am Tag, sondern auch nachts, mag es noch so dunkel . . . "

Da verstummte die Uhr – der Mensch hatte vergessen, sie aufzuziehen.

Theodor Etzel

Quellenverzeichnis

Die Spinne und die Weisheit, Patrick Addai, Ghana, Verlag für Afrikanische Literatur und Kulturelle Begegnungen

Der Fuchs und die Trommel, Die Affen und das Glühwürmchen, Der Kormoran und die Sterne, Die drei Fische, erzählt nach: Kalila und Dimna, Selected Fables of Bidpai, retold by Ramsay Wood, Granada Publishing Limited, London, Toronto, Sydney, New York, 1982

Der junge Tiger und das Stacheltier, erzählt nach: Suche die Weisheit bis China, Adalbert Ludwig Belling, Missionsverlag Marianhill, Würzburg, 2000

Wie soll die Katze heißen, erzählt nach: Altchinesische Tiergeschichten, Anna Rottauscher, Paul Neff Verlag, Wien, Berlin, Stuttgart, 1955

Der Bär am Biberdamm, Das jüngste der Küken, aus: Käthe Recheis, Wie das Erdhörnchen zu seinen Streifen kam, Verlag Kerle/Herder, Freiburg, 1999

Der Junge und die Klapperschlange, erzählt nach: Keepers of the Animals, Michael J. Caduto and Joseph Bruchac, Fukcrum Publishing, Golden, Colorado, 1991

Platsch, das Ungeheuer, aus: Käthe Recheis/Friedl Hofbauer, 99 Minutenmärchen, Verlag Herder, Wien-Freiburg, 1976

Der schlaue Hase, aus: Käthe Recheis/Friedl Hofbauer, 333 Märchenminuten, Verlag Herder, Wien-Freiburg, 1981